C000262612

Finanzas
básicas

SERIE MANAGEMENT EN 20 MINUTOS

Actualiza rápidamente tus competencias profesionales básicas. Tanto si buscas un curso intensivo como si solo pretendes repasar brevemente tus conocimientos, la SERIE MANAGEMENT EN 20 MINUTOS te ayudará a encontrar justo lo que necesitas, es decir, un conocimiento fundamental para profesionales ambiciosos o futuros ejecutivos. Cada uno de los libros es una breve y práctica introducción que te permitirá repasar una amplia variedad de temas indispensables para la gestión de negocios, y que, además, te ofrece los consejos (sencillos, útiles y fáciles de aplicar) de los académicos más prestigiosos.

Títulos de la colección:

SERIE MANAGEMENT EN 20 MINUTOS

Finanzas básicas

Descubre las palabras clave
Entiende los fundamentos
Interpreta los balances

REVERTÉ MANAGEMENT (**REM**)
Barcelona · México

HARVARD BUSINESS REVIEW PRESS
Boston, Massachusetts

Descuentos y ediciones especiales

Los títulos de Reverté Management (REM) se pueden conseguir con importantes descuentos cuando se compran en grandes cantidades para regalos de empresas y promociones de ventas. También se pueden hacer ediciones especiales con logotipos corporativos, cubiertas personalizadas o con fajas y sobrecubiertas añadidas.

Para obtener más detalles e información sobre descuentos tanto en formato impreso como electrónico, póngase en contacto con revertemanagement@reverte.com o llame al teléfono (+34) 93 419 33 36.

Finanzas básicas
SERIE MANAGEMENT EN 20 MINUTOS
Finance Basics
20 MINUTE MANAGER SERIES

Copyright 2014 Harvard Business School Publishing Corporation
All rights reserved.

© **Editorial Reverté, S. A., 2021, 2022, 2023**
Loreto 13-15, Local B. 08029 Barcelona – España
revertemanagement@reverte.com

4ª impresión: abril 2023

Edición en papel
ISBN: 978-84-17963-34-7

Edición ebook
ISBN: 978-84-291-9647-4 (ePub)
ISBN: 978-84-291-9648-1 (PDF)

Editores: Ariela Rodríguez / Ramón Reverté
Coordinación editorial y maquetación: Patricia Reverté
Traducción: Irene Muñoz Serrulla
Revisión de textos: Mª del Carmen García Fernández

Estimado lector, con la compra de ediciones autorizadas de este libro estás promoviendo la creatividad y favoreciendo el desarrollo cultural, la diversidad de ideas y la difusión del conocimiento. Al no reproducir, escanear ni distribuir ninguna parte de esta obra por ningún medio sin permiso estás respetando la protección del copyright y actuando como salvaguarda de las creaciones literarias y artísticas, así como de sus autores, permitiendo que Reverté Management continúe publicando libros para todos los lectores. En el caso que necesites fotocopiar o escanear algún fragmento de este libro, dirígete a CEDRO (Centro Español de Derechos Reprográficos, http://www.cedro.or). Gracias por tu colaboración.

Impreso en España – *Printed in Spain*
Depósito legal: B 17293-2021

Impresión: Liberdúplex
Barcelona – España

63

Introducción

Independientemente del puesto que ocupes en tu organización, harás mejor tu trabajo si entiendes los concep-
tos financieros básicos. Contribuirás más eficazmente a
los esfuerzos de tu empresa por ganar dinero y crecer.

Este breve libro explica los fundamentos de las finanzas. Aunque su lectura no te convertirá en un experto, te
ayudará a:

- Dar sentido a los tres estados financieros clave.

- Evaluar la salud financiera de tu empresa.

- Sopesar los costes y beneficios antes de compro-
  meter los recursos.

- Considerar los riesgos financieros a la hora de
  tomar decisiones.

- Estimar el rendimiento futuro.

- Hacer un seguimiento de las inversiones en relación a lo presupuestado.

Contenido

Contenido

Finanzas básicas

¿Por qué hay que entender las finanzas?

¿Por qué hay que entender las finanzas?

Las finanzas son importantes para todas las empresas, puesto que todas tienen que ingresar y gastar dinero para poder hacer negocios. Por el lado de las entradas, los gestores inteligentes plantean preguntas como:

- ¿Qué parte de nuestro dinero proviene de los propietarios? ¿Qué parte de las ventas? ¿Qué parte de los préstamos?

- ¿Cuáles son nuestras líneas de productos y las regiones que obtienen los mayores beneficios? ¿Cuáles son rentables?

- ¿Cuánto tiempo tardamos en cobrar el dinero que nos deben nuestros clientes?

En relación a los gastos:

- ¿Son nuestros costes los que deberían ser? ¿Estamos gastando las cantidades correctas en personal y en activos físicos (oficinas, equipos informáticos...)?

- Si solo podemos invertir en una de las oportunidades de crecimiento, ¿cómo determinamos cuál generará más valor?

- Si aumentamos nuestra producción en un 20 %, ¿ganaríamos un 20 % más de dinero?

El departamento de finanzas de tu empresa (o el contable si es una empresa muy pequeña) elabora estados financieros, presupuestos y previsiones. Al entender estos documentos, obtendrás la información que necesitas para hacer las preguntas esenciales y tomar decisiones inteligentes para tu división, departamento o equipo.

Por cierto, en las finanzas se utiliza una jerga que puede resultarte extraña. A veces, diferentes términos significan exactamente lo mismo, por ejemplo, *ganancias* y *beneficios*, o *ventas* e *ingresos*. Si no estás seguro de lo que significa un término, búscalo en la sección «Términos clave» al final de este libro.

Un recorrido por los tres estados financieros principales

Un recorrido por los tres estados financieros principales

E l objetivo subyacente de toda empresa es ganar dinero. Por este motivo, si eres un directivo, parte de tu trabajo consiste en ayudar a tu empresa a ganar dinero, a ser posible, una cantidad mayor cada año.

Naturalmente, puedes estar trabajando en el sector no lucrativo o en el gubernamental, donde ganar dinero no es el objetivo más importante. Aun así, tendrás que controlar el dinero que entra y el que sale.

Dondequiera que trabajes, puedes mejorar la salud financiera de tu empresa reduciendo costes, aumentando los ingresos o ambas cosas a la vez. Puedes ayudar a la organización a realizar buenas inversiones y a utilizar los recursos de forma inteligente. Los mejores gestores no se limitan a vigilar el presupuesto, sino que buscan la forma más adecuada de combinar el control de costes, la mejora de las ventas y la utilización más eficiente de los activos. Saben de dónde proceden los ingresos, cómo se gasta el dinero y cuánto beneficio obtiene la empresa. Saben lo bien que lo está haciendo la empresa a la hora de convertir los *beneficios* en *liquidez*. (No, no son lo mismo, luego hablaremos de la diferencia).

Para saber todo esto, los directivos se basan principalmente en tres documentos: la cuenta de resultados, el balance y los flujos de caja. Son los llamados **estados financieros**, o cuentas anuales. Las empresas que cotizan en bolsa —aquellas que venden acciones al público en un mercado de valores— ponen a disposición de todo el mundo sus estados financieros resumidos, normalmente con periodicidad trimestral. Las empresas privadas —propiedad de una persona, una familia o un pequeño grupo de inversores— suelen mantener sus estados financieros en privado. Pero casi todas las empresas producen estados financieros detallados para su uso interno.

Métodos contables

No hace falta ser contable para entender las finanzas, pero sí hay que saber un par de cuestiones importantes sobre contabilidad.

En primer lugar, los estados financieros siguen la misma estructura para cualquier empresa. Las partidas individuales pueden variar un poco, dependiendo de la naturaleza del negocio, pero los estados financieros suelen ser lo suficientemente parecidos como para poder comparar los resultados fácilmente. La razón de esta similitud es que todos los contables de un país siguen el mismo conjunto de reglas. Estas reglas se denominan **principios contables generalmente aceptados** o PCGA.

En segundo lugar, los PCGA permiten dos métodos diferentes de contabilidad: la **contabilidad de caja** suele ser utilizada por las empresas más pequeñas. Es muy sencilla. La empresa registra una venta siempre que recibe dinero en efectivo por un producto o un servicio, y registra un gasto siempre que emite un pago.

El otro método, la **contabilidad basada en el principio del devengo**, es un poco más complicado, aunque mucho más común. La empresa registra una venta cuando entrega un producto o servicio, no cuando el dinero cambia de manos (que puede ser uno o dos meses más tarde, cuando el cliente paga la factura). Registra un gasto cuando *incurre* en él, no cuando realiza el pago. La clave de este método es lo que los contables llaman el principio de correspondencia: *hacer coincidir cada coste con los ingresos que se asocian a él.*

Veamos un ejemplo. Amalgamated Hat Rack, una empresa ficticia que fabrica percheros de imitación de cuernos de alce, registra ingresos cada vez que envía percheros a un cliente. Como el cliente aún no ha pagado, los ingresos siempre incluyen estimaciones del dinero que la empresa recibirá en el futuro.

Cuando Amalgamated pide 2.000 ganchos de latón a un proveedor, no registra el gasto de esos ganchos de una sola vez, sino que registra parte del gasto *con cada venta.* Si cada perchero tiene cinco ganchos de latón, los contables registran el coste de cinco ganchos de latón cada vez que se vende un perchero.

¿Por qué utilizar el método del devengo? Porque le ofrece una imagen más precisa del beneficio. Si trabajas en una empresa de percheros, querrás saber si cada perchero que se vende es rentable. Para responder a esa pregunta, tienes que hacer un seguimiento de los costes en los que se incurre y de los ingresos que se obtienen cada vez que se fabrica uno y se envía a un cliente.

La cuenta de resultados

La cuenta de resultados te indica si la empresa está obteniendo beneficios, es decir, si tiene ingresos netos positivos, de acuerdo con las reglas de la contabilidad del ejercicio. (*Ingreso* solo es otra forma de decir *beneficio*, por lo que la cuenta de resultados también se llama cuenta de pérdidas y ganancias (PyG). Esta cuenta muestra los ingresos, los gastos y las ganancias o pérdidas de una empresa durante un período de tiempo específico, normalmente un mes, un trimestre o un año.

¿De qué modo una cuenta de resultados muestra si se tienen beneficios? Comienza con los ingresos de la empresa o las ventas netas totales (son lo mismo) durante el período considerado. A continuación, enumera todos los costes, incluidos los de fabricación de los productos o los de la prestación de servicios, los gastos generales, los impuestos, etc., y los resta de los ingresos. El resultado final (lo que queda) es el ingreso neto o beneficio. (Véase la figura 1, «Cuenta de resultados de Amalgamated Hat Rack»).

Veamos con más detalle las partidas que aparecen en la cuenta de resultados. El **coste de los productos vendidos** (normalmente abreviado como COGS, por sus siglas en inglés) es lo que le ha costado a Amalgamated fabricar los percheros. Esto incluye las materias primas, la mano de obra y cualquier otro coste directamente relacionado con la producción.

Si se resta el COGS de los ingresos, se obtiene el **beneficio bruto**, que muestra cuánto ha ganado la empresa antes de pagar sus gastos generales, impuestos, etc. Puedes utilizar esta cifra para calcular el **margen bruto**, que no aparece en la cuenta de resultados, pero sigue siendo una cifra importante. Solo tienes que dividir el beneficio bruto entre los ingresos. El margen bruto de Amalgamated Hat Rack es de 1,6 millones de dólares dividido entre 3,2 millones, es decir, el 50 %.

FIGURA 1

Cuenta de resultados de Amalgamated Hat Rack

	A 31 de diciembre de 2013
Ventas al por menor	2.200.000 $
Ventas a empresas	1.000.000 $
Total de ingresos por ventas	3.200.000 $
Menos: Coste de los productos vendidos	1.600.000 $
Beneficios brutos	1.600.000 $
Menos: Gastos de explotación	800.000 $
Menos: Gastos de amortización	42.500 $
Beneficios antes de intereses e impuestos	757.500 $
Menos: Gastos financieros	110.000 $
Beneficios antes de impuestos	647.500 $
Menos: Impuestos sobre ingresos	300.000 $
Resultado neto	347.500 $

Los **gastos de explotación** —también conocidos como gastos de ventas, generales y administrativos (SG&A, por sus siglas en ingles), o simplemente gastos generales— incluyen los salarios de los empleados administrativos, los alquileres, los gastos de ventas y *marketing*, y cualquier otro coste no atribuido directamente a la fabricación de un producto o a la prestación de un servicio. El coste del servicio telefónico, por ejemplo, se incluiría en este epígrafe.

La **amortización** es una forma de estimar el coste de los bienes que duran un tiempo relativamente largo. Un sistema informático, por ejemplo, puede tener una vida útil de tres años. Por tanto, no tiene sentido registrar todo su coste en el primer año. En su lugar, la empresa reparte el gasto a lo largo de la vida útil del sistema. Si los contables emplean un método sencillo de amortización lineal, registrarán un tercio del coste en la cuenta de resultados de la empresa cada año.

Si se restan los gastos de explotación y las amortizaciones del beneficio bruto, se obtiene el **resultado de explotación** que se suele llamar **beneficio antes de intereses e impuestos**, o EBIT (por sus siglas en inglés).

Si al EBIT se le restan los costes financieros (intereses) e impuestos, se obtiene el **resultado neto** o beneficio, el famoso resultado final.

El balance

Un balance es una instantánea: resume la situación de una empresa en un momento determinado, normalmente el último día del año o del trimestre. Muestra lo que la empresa *tiene* (sus **activos**), lo que *debe* (sus **pasivos**) y la diferencia entre ambos, llamada **patrimonio neto** o **fondos propios**.

El balance se llama así porque siempre se equilibra. Es decir, todos los activos deben ser iguales a todos los pasivos más los fondos propios. Esto se conoce a veces como la ecuación contable fundamental y tiene el siguiente aspecto:

Activo = Pasivo + Fondos propios

¿Por qué es válida la ecuación?

Los activos son todo lo que posee una empresa. Esta categoría incluye dinero en efectivo, terrenos, edificios, vehículos, maquinaria, ordenadores e incluso activos intangibles como las patentes. (No incluye a las personas, porque la empresa no es dueña de sus empleados).

Por supuesto, una empresa tiene que adquirir estos activos. Puede utilizar su propio dinero, que es el dinero que sus propietarios han invertido en ella más el que la propia empresa ha generado con el tiempo. O puede utilizar dinero prestado. En la terminología del balance, el dinero propio es patrimonio neto o fondos propios y los fondos de préstamos son pasivo.

Y como no se puede obtener algo a cambio de nada, los activos deben ser iguales a los pasivos más los fondos propios. Si una empresa tiene 3.000.000 de dólares en activos y dos millones en pasivos, debe tener un patrimonio neto de 1.000.000 de dólares.

Los datos del balance son más útiles cuando se comparan con la información de un año anterior. En la figura 2, «Balance de Amalgamated Hat Rack a 31 de diciembre de 2012 y 2013», la comparación de las cifras de 2013 con las de 2012 muestra que Amalgamated ha aumentado su pasivo total en 74.000 dólares y sus

FIGURA 2

Balance de Amalgamated Hat Rack a 31 de diciembre de 2012 y 2013

	2013	2012	Aumento/ (Disminución)
Activos			
Caja y valores negociables	652.500 $	486.500 $	166.000 $
Cuentas pendientes de cobro	555.000 $	512.000 $	43.000 $
Existencias	835.000 $	755.000 $	80.000 $
Gastos anticipados	123.000 $	98.000 $	25.000 $
Total activos corrientes	2.165.500 $	1.851.500 $	314.000 $
Inmovilizado bruto, instalaciones y equipamiento	2.100.00 $	1.900.000 $	200.000 $
Menos: Amortización acumulada	333.000 $	290.500 $	(42.500) $
Inmovilizado neto, instalaciones y equipamiento	1.767.000 $	1.609.500 $	157.500 $
Activo total	3.932.500 $	3.461.000 $	471.500 $
Pasivos y fondos propios			
Deudas pendientes de pago	450.000 $	430.000 $	20.000 $
Gastos devengados	98.000 $	77.000 $	21.000 $
Impuestos sobre ingresos	17.000 $	9.000 $	8.000 $
Deuda a corto plazo	435.000 $	500.000 $	(65.000) $
Total pasivo corriente	1.000.000 $	1.016.000 $	(16.000) $
Deuda a largo plazo	750.000 $	660.000 $	90.000 $
Pasivo total	1.750.000 $	1.676.000 $	74.000 $
Aportaciones de capital	900.000 $	850.000 $	50.000 $
Beneficios no distribuidos	1.282.500 $	935.000 $	347.500 $
Fondos propios total	2.182.500 $	1.785.000 $	397.500 $
Pasivo y fondos propios total	3.932.500 $	3.461.000 $	471.500 $

activos totales en 471.500 dólares, lo que supone un aumento de los fondos propios.

Una vez más, analicemos los términos. El balance comienza enumerando los activos más líquidos: *el efectivo y los valores negociables*, las **cuentas pendientes de cobro** (lo que los clientes deben a la fecha del balance) y *las existencias*, junto con cualquier coste que se haya pagado por adelantado (**gastos anticipados**). Estos son los llamados **activos corrientes**. A continuación, se contabilizan los activos menos líquidos, por ejemplo, los edificios y la maquinaria, conocidos como **inmovilizado, instalaciones** y **equipamiento** (PPE, por sus siglas en inglés). A esto se le denomina **activos fijos** o **activos a largo plazo**.

Las empresas valoran sus activos fijos en función de su coste original. Pero como todos los activos fijos (salvo los terrenos) se deprecian con el tiempo, los contables deben incluir también cualquier depreciación de esos activos que hayan registrado hasta ahora en las cuentas de resultados. El inmovilizado bruto menos la amortización acumulada es igual al **inmovilizado neto, instalaciones y equipamiento**, es decir, el **valor contable** actual de los activos fijos de la empresa.

CONSEJO: DEUDA A CORTO PLAZO

El balance distingue entre deuda a corto y a largo plazo. La deuda a corto plazo debe pagarse en un año o menos. Incluye las deudas pendientes de pago, las obligaciones a corto plazo, salarios e impuestos sobre ingresos.

Las partidas del pasivo y de los fondos propios son bastante fáciles de entender. Las **cuentas pendientes de pago** son lo que la empresa debe a sus proveedores; el **impuesto sobre ingresos,** es lo que debe a Hacienda. Los **gastos devengados** son los fondos que se deben por salarios u otros costes no incluidos en las deudas pendientes de pago. La **deuda a corto plazo** es la que debe pagarse antes de un año.

Constituyen los **pasivos corrientes** de la empresa. Al restar el pasivo corriente del activo corriente se obtiene lo que se conoce como **capital circulante** o **fondo de maniobra,** que indica cuánto dinero tiene la empresa inmovilizado en actividades de explotación. Así que para 2013, Amalgamated tenía 2.165.500 dólares menos 1.000.000

de dólares, o 1.165.500 dólares, en capital circulante. La mayoría de los pasivos a largo plazo son préstamos de un tipo u otro, por lo que el balance muestra la deuda a largo plazo y luego el **pasivo total**, que tan solo es la suma de los pasivos corrientes y a largo plazo. Los **fondos propios**, como hemos visto, son el total de lo que los accionistas han invertido en la empresa a lo largo del tiempo (**aportaciones de capital**) y lo que la empresa ha ganado y retenido en los últimos años (**beneficios no distribuidos**).

Los flujos de caja

El estado de flujo de caja (o flujo de tesorería) permite conocer la cuenta corriente de una empresa. Al igual que un extracto bancario, indica la cantidad de efectivo disponible al principio de un período y la cantidad al final. También muestra de dónde procede el efectivo y cómo lo ha gastado la empresa.

Si trabajas en una gran empresa, es muy probable que los cambios en el flujo de caja de la compañía no afecten a tu trabajo diario. Aun así, es una buena idea mantenerse al día con el estado de tesorería y las proyecciones, porque pueden entrar en juego cuando prepares tu presupuesto para el año siguiente. Si la tesorería es escasa, probablemente se te pedirá que gastes de forma conservadora; si es abundante, puedes tener oportunidades de hacer nuevas inversiones. Por supuesto, en las empresas pequeñas ocurre lo mismo, aunque en ellas el efectivo suele ser muy escaso. Incluso si la empresa es rentable, a veces los propietarios pueden llegar a preguntarse si pueden pagar las nóminas.

El flujo de tesorería muestra la forma en que la empresa convierte los beneficios en efectivo, y esa capacidad es, en última instancia, lo que mantiene la solvencia de la empresa. En la figura 3, «Flujo de caja de Amalgamated Hat Rack a 31 de diciembre de 2013», vemos que la empresa generó un aumento neto de efectivo de 166.000 dólares en 2013. Ten en cuenta que esto *no* es lo mismo que el beneficio neto, que se muestra en la cuenta de resultados: 347.500 dólares.

FIGURA 3

Flujo de caja de Amalgamated Hat Rack a 31 de diciembre de 2013

Ingresos netos	347.500 $
Flujo de caja de las operaciones	
Cuentas pendientes de cobro	(43.000) $
Existencias	(80.000) $
Gastos anticipados	(25.000) $
Deudas pendientes de pago	20.000 $
Gastos devengados	21.000 $
Impuestos sobre ingresos	8.000 $
Gastos de amortización	42.500 $
Total de cambios en los activos y pasivos de explotación	(56.500) $
Flujo de caja de las operaciones	291.000 $
Actividades de inversión	
Venta de inmovilizado, instalaciones y equipamiento	267.000 $*
Gastos de capital	(467.000) $
Flujo de caja de las actividades de inversión	(200.000) $
Actividades de financiación	
Disminución de la deuda a corto plazo	(65.000) $
Préstamos a largo plazo	90.000 $
Capital social	50.000 $
Dividendos en efectivo para los accionistas	—
Flujo de caja de las actividades de financiación	75.000 $
Aumento del efectivo durante el año	166.000 $

* Se supone que el precio de venta fue a valor contable; la empresa aún no había empezado a amortizar este activo.

La cuenta de resultados incluye las amortizaciones y otras partidas que no suponen dinero en efectivo. Registra los ingresos y los gastos a medida que se producen y no cuando el efectivo cambia de manos. El flujo de caja muestra las inversiones en bienes de capital, como la maquinaria, que solo aparece en la cuenta de resultados cuando se amortiza.

Sin embargo, hay que tener en cuenta que el flujo de caja comienza con los ingresos netos y, a través de una serie de ajustes, los convierte en efectivo neto. Por ejemplo, añade la amortización, porque la amortización es un gasto que no implica efectivo. (No es necesario que te preocupes por los detalles técnicos, pero, si te interesa, hay muchos libros que explican el proceso. Ve a «Más información» al final de este libro).

De nuevo, veamos algunos términos clave. La primera gran categoría es el **flujo de caja de las operaciones**. Se refiere a todo el efectivo que la empresa recibió o gastó en las operaciones en curso: efectivo de los clientes, efectivo gastado en salarios y materiales, etc. El flujo de caja de las operaciones de una empresa es un muy buen indicador de su salud financiera. Si es negativo, la empresa puede estar en serios problemas. (Una cifra negativa en un estado de tesorería se indica entre paréntesis).

La segunda gran categoría es el **flujo de caja de las actividades de inversión**. En este contexto, «inversión» significa el dinero gastado en activos como maquinaria o vehículos y el dinero obtenido por la venta de estos equipos. Para la mayoría de las empresas, el efectivo de las actividades de inversión debería ser una cifra negativa. Esto significa que la empresa está invirtiendo parte de su efectivo en activos que generarán un crecimiento futuro.

La tercera gran categoría es el **flujo de caja de las actividades de financiación**. Incluye todo el efectivo recibido de los propietarios de una empresa (accionistas) o pagado a sus propietarios en forma de dividendos. También incluye el efectivo recibido de los préstamos y el efectivo pagado a los bancos o entidades financieras.

Si se suman las tres categorías principales, se obtiene el **aumento del efectivo durante el año**. Por supuesto, para algunas empresas podría ser una disminución, particularmente si la empresa crece rápidamente e invierte mucho en bienes de capital. Esta cifra se corresponde con el aumento o la disminución de la caja y valores negociables que aparecen en la parte superior de una comparación del balance de dos años.

Utilizar los estados para medir la salud financiera

Utilizar los estados para medir la salud financiera

Los estados financieros cuentan historias diferentes, pero relacionadas con la situación financiera de la empresa:

- La cuenta de resultados muestra el resultado final. Utilizando las reglas de la contabilidad, indica la cantidad de ganancias o pérdidas que una empresa ha generado durante un período de tiempo (un mes, un trimestre o un año).

- El balance muestra si una empresa es solvente. Ofrece una instantánea de los activos, pasivos y fondos propios de la empresa en un día determinado.

- El flujo de caja muestra la cantidad de efectivo que genera una empresa. También indica, a grandes rasgos, de dónde procede ese efectivo y a qué se destina.

Ahora estás listo para dar el siguiente paso: interpretar las cifras que proporcionan los estados financieros. Por ejemplo, ¿el beneficio de la empresa es grande o pequeño? ¿Su nivel de endeudamiento es saludable o no? Puedes responder a estas preguntas mediante el **análisis de ratios**.

Un ratio financiero no es más que dos números de los estados financieros expresados en relación el uno con el otro. Los ratios que siguen son útiles para casi cualquier industria. Pero si quieres medir el rendimiento de tu propia empresa, la comparación más significativa suele ser con otras empresas del mismo sector.

Ratios de rentabilidad

Los **ratios de rentabilidad** ayudan a evaluar la rentabilidad de una empresa expresando su beneficio como un porcentaje de otra cosa. Incluyen:

- *Rentabilidad de las ventas* (ROS, por sus siglas en inglés), o ingreso neto dividido entre los ingresos. (Recuerda que los ingresos netos en la cuenta de resultados solo significan ganancias). También conocido como **margen de ganancias netas**, el ROS mide la cantidad de ganancias que la empresa obtiene como porcentaje de cada dólar de ventas. Por ejemplo, si una empresa obtiene un beneficio de 10 dólares por cada 100 dólares de venta, el ROS es de 10/100, es decir, del 10 %.

- *Rendimiento de los activos* (ROA, por sus siglas en inglés), o ingresos netos divididos entre el total de activos. El ROA indica la eficiencia con la que la empresa utiliza sus activos para generar beneficios.

- La *rentabilidad de los fondos propios* (ROE, por sus siglas en inglés), o los ingresos netos que se obtienen de los fondos propios. El ROE muestra el beneficio que genera la empresa como porcentaje de la inversión de los propietarios.

- *Margen de beneficio bruto*, o beneficio bruto dividido entre los ingresos. Este ratio refleja la rentabilidad de los productos o servicios de la empresa sin tener en cuenta los gastos generales u otros.

- *Margen de beneficios antes de intereses e impuestos* (EBIT), es decir, el beneficio de explotación dividido entre los ingresos. Muchos analistas utilizan este indicador, también conocido como margen de explotación, para ver la rentabilidad de las actividades operativas de una empresa.

Puedes utilizar estos ratios para comparar una empresa con otra y para seguir el rendimiento de tu propia empresa a lo largo del tiempo. Un ratio de rentabilidad que va en la dirección equivocada suele ser una señal de problemas.

Ratios de eficiencia

Los ratios de eficiencia muestran la efectividad con la que una empresa gestiona sus activos y pasivos. Incluyen:

- *Rotación de activos*, es decir, ingresos divididos entre el total de activos. Cuanto más alta sea la cifra, mejor será la empresa en el empleo de activos para generar ingresos.

- *Período medio de cobro a clientes*, o cuentas pendientes de cobro finales (del balance) dividido entre los ingresos por día (ingresos anuales dividido entre 360). Este ratio indica el tiempo (en promedio) que tarda una empresa en cobrar lo que se le debe. Una empresa que tarda 45 días en cobrar sus cuentas pendientes de cobro necesita mucho más capital circulante que una que tarda 20 días en cobrar.

- *Período medio de pago a proveedores*, o cuentas pendientes de pago finales dividido entre el coste de las mercancías vendidas por día. Esta medida indica cuántos días tarda una empresa en pagar a sus proveedores. Cuantos más días se tarda, más tiempo puede utilizar la empresa el efectivo. Por supuesto, el deseo de tener más efectivo tiene que equilibrarse con el mantenimiento de buenas relaciones con los proveedores.

- *Período medio de existencias*, o existencias medias dividido entre el coste de las mercancías vendidas por día. Este ratio indica el tiempo que tarda una empresa en vender la cantidad media de existencias disponibles durante un período de tiempo determinado. Cuanto más tiempo pasa, más efectivo inmovilizado tiene la empresa y mayor será la probabilidad de que las existencias no se vendan por su valor total.

De nuevo, suele ser útil comparar los cambios en estos ratios de un período a otro, y seguir las tendencias de los ratios durante tres años o más.

Ratios de liquidez

Los **ratios de liquidez** informan sobre la capacidad de una empresa para cumplir con sus obligaciones financieras actuales, como los pagos de la deuda, las nóminas y los pagos a proveedores. Incluyen:

- *Ratio de solvencia*, es decir, el total del activo corriente dividido entre el total del pasivo corriente. Es la principal medida de la capacidad de una empresa para pagar sus facturas. Es muy popular entre los bancos y entidades financieras, y también se denomina **ratio de tesorería**. En general, un ratio más alto indica una mayor fortaleza financiera que uno más bajo.

- *Test ácido*, es decir, el activo corriente menos las existencias, y el resultado dividido entre el pasivo corriente. Este ratio se denomina también **coeficiente de liquidez a corto plazo o liquidez inmediata**. Mide la capacidad de una empresa para hacer frente a sus obligaciones rápidamente sin tener que liquidar sus existencias.

Las entidades financieras no son las únicas interesadas en examinar los ratios de liquidez. También los proveedores suelen analizarlos antes de ofrecer condiciones de pago.

Ratios de apalancamiento

Los **ratios de apalancamiento** indican el grado de endeudamiento de una empresa. (La palabra *apalancamiento* en este contexto significa utilizar deuda para financiar un negocio o una inversión).

- *Cobertura de intereses*, o beneficios antes de intereses e impuestos (EBIT) divididos entre los gastos de intereses. Esto mide el margen de seguridad de una empresa: muestra el número de veces que la empresa podría hacer frente a los pagos de intereses con sus beneficios de explotación.

- *Ratio de endeudamiento*, o pasivo total dividido entre los fondos propios de los propietarios. Esto muestra cuánto ha pedido prestado una empresa en comparación con el dinero que han invertido sus propietarios. Una relación deuda-capital elevada (en relación con otras del sector) es a veces motivo de preocupación; se dice que la empresa está muy apalancada.

Casi todas las empresas piden dinero prestado en algún momento de su vida. Al igual que un hogar con una hipoteca, una empresa puede utilizar la deuda para financiar inversiones que de otro modo no podría permitirse. La deuda se convierte en un problema solo cuando es demasiado alta para ser soportada.

Otras formas de medir la salud financiera

Otros métodos para evaluar la salud financiera de una empresa son la tasación, el valor económico añadido (EVA, por sus siglas en inglés) y las medidas de crecimiento y productividad. Al igual que los ratios que acabamos de comentar, estas medidas son más significativas cuando se comparan empresas del mismo sector o se observa el rendimiento de una empresa a lo largo del tiempo.

La **tasación** suele referirse al proceso de determinación del valor total de una empresa. El valor contable es simplemente la cifra de los fondos propios del balance. Pero el valor de mercado de la empresa —lo que un comprador pagaría por ella— puede ser muy diferente.

Las empresas que cotizan en bolsa pueden medir su valor a diario, solo tienen que multiplicar el precio diario de las acciones por el número de acciones en circulación. Una empresa privada —o alguien que se plantee comprarla— debe estimar su valor de mercado. Un método consiste en estimar los flujos de caja futuros y, a continuación, utilizar un tipo de interés para determinar el valor actual de ese flujo de caja. Un segundo método consiste en evaluar los activos de la empresa, tanto los físicos como los intangibles: patentes o cartera de clientes. Un tercer método consiste en observar el valor de mercado de las empresas que cotizan en bolsa y que son similares a la empresa que se está evaluando.

ANÁLISIS DE LOS ESTADOS FINANCIEROS

- Compara las cifras con lo que es típico en un sector determinado.

- Compara los estados financieros de empresas de tamaño similar.

- Estate atento a las tendencias: ¿Cómo han cambiado las declaraciones desde el año pasado? ¿Y desde hace tres años?

Por supuesto, una empresa puede valer diferentes cantidades para diferentes compradores. Si su empresa es propietaria de una tecnología única, por ejemplo, un comprador que quiera esa tecnología para sus operaciones puede estar dispuesto a pagar una prima por la empresa.

La tasación también se refiere al proceso por el que los inversores y analistas de valores de Wall Street determinan el precio al que «debería» venderse una empresa que cotiza en bolsa (en su opinión). Esto los ayuda a decidir si el precio actual de mercado de las acciones es un buen negocio o un mal negocio. Los analistas e inversores utilizan varios indicadores en este proceso, entre ellos:

- *Beneficio por acción* (BPA), o los ingresos netos divididos entre el número de acciones en circulación. Se trata de uno de los indicadores más observados de los resultados financieros de una empresa. Si cae, lo más probable es que baje el precio de la acción.

- *Relación precio-beneficio* (P/B), o el precio actual de una acción dividido entre los beneficios por acción de los doce meses anteriores.

- *Indicadores de crecimiento*, como el aumento de los ingresos, los beneficios o las ganancias por acción de un año para otro. Una empresa que crece probablemente proporcionará rendimientos crecientes a sus accionistas a lo largo del tiempo.

- *Valor económico añadido* (EVA). Marca registrada de la consultora Stern Stewart, el EVA indica la rentabilidad de una empresa una vez deducido el coste del capital. El cálculo es bastante técnico.

- ***Medidas de productividad.*** Las ventas por empleado y los ingresos netos por empleado son dos medidas que vinculan los ingresos y el beneficio con los datos de plantilla. Las líneas de tendencia de estas cifras pueden sugerir una mayor o menor eficiencia operativa a lo largo del tiempo.

A Wall Street le encantan las estadísticas, y estos son solo algunos de los indicadores que utilizan los profesionales. Y son de los más comunes.

Preparar un presupuesto

Preparar un presupuesto

E l presupuesto es un plan financiero para alcanzar los objetivos de la empresa.

El presupuesto de tu departamento forma parte de la estrategia global de la empresa, por lo que debes comprender la estrategia de la empresa para crear un presupuesto útil. Hay varios pasos que puedes dar para aumentar tu comprensión estratégica:

- *Presta atención a las comunicaciones de la alta dirección.* La mayoría de las empresas intentan comunicar al menos los aspectos básicos de su estrategia a toda la organización.

- *Observa el panorama económico general.* La estrategia de una empresa durante una recesión diferirá de su estrategia durante un período boyante.

Escucha las opiniones de tu jefe y de tus colegas sobre las ventas y la economía, y haz también tus propias observaciones. ¿Te inundan los currículos o es difícil encontrar ayuda solvente? ¿Los precios suben o bajan?

- *Mantente al tanto de las tendencias del sector.* Incluso cuando la economía está en auge, algunos sectores pueden tener problemas. Tu presupuesto debe reflejar la realidad de tu propio sector.

- *Empápate de los valores de la empresa.* Todas las empresas tienen valores, a veces formalizados y a veces simplemente como «la forma en la que hacemos las cosas aquí». Los directivos inteligentes tienen en cuenta esos valores en sus decisiones. Supongamos que el presupuesto prevé despidos. Si la empresa considera que los despidos son contraproducentes, su propuesta morirá al llegar.

- *Realiza un **análisis DAFO**.* ¿Cuáles son las Debilidades, Amenazas, Fortalezas y Oportunidades de tu empresa?

Todas estas técnicas deberían ayudarte a comprender el contexto en el que desarrollarás tu presupuesto.

Presupuestos descendentes frente a presupuestos ascendentes

En un **presupuesto descendente** o de arriba abajo, la alta dirección establece objetivos específicos para elementos como los ingresos netos, los márgenes de beneficios y los gastos. A cada departamento se le puede decir, por ejemplo, que limite el aumento de los gastos a un 6% por encima de los niveles del año anterior. Al preparar el presupuesto, observa estos parámetros y observa los planes generales de la empresa para las ventas, el *marketing* y para los costes y gastos. Estos objetivos proporcionan el marco en el que debe operar. Por ejemplo, muchas empresas se esfuerzan por mejorar la rentabilidad cada año, reduciendo los gastos como un porcentaje de los ingresos.

En el **presupuesto ascendente** o de abajo arriba, los directivos no reciben objetivos específicos. En su lugar, elaboran presupuestos que creen que satisfarán las necesidades y objetivos estratégicos de sus respectivos departamentos. Estos presupuestos se integran en un presupuesto general de la empresa. A continuación, el presupuesto de la empresa se ajusta, y las solicitudes de cambio se envían a los distintos departamentos.

Este proceso pasa por múltiples fases. A menudo significa trabajar estrechamente con departamentos que pueden competir con el tuyo por recursos limitados. Es bueno ser lo más cooperativo posible durante este proceso, pero no hay que dudar en presionar intensamente por las necesidades de tu propia unidad.

Empezar a trabajar

Los presupuestos deben ser ambiciosos, pero realistas. No hay que hacer un presupuesto que no se pueda cumplir, pero tampoco hay que subestimar las posibilidades. Aquí tienes cómo empezar.

En primer lugar enumera de tres a cinco objetivos que esperas alcanzar durante el período para el que estás presupuestando. Por ejemplo:

- Aumentar las ventas brutas en un 5 %.

- Disminuir los costes administrativos como porcentaje de los ingresos en 3 puntos.

- Reducir las existencias en un 2 % al final del año fiscal.

Asegúrate de que estos objetivos están en consonancia con las prioridades estratégicas de la organización.

A continuación, calcula cómo los vas a conseguir. (Recuerda que un presupuesto no es más que un plan con números). ¿Cómo puedes generar más ingresos? ¿Necesitarás más representantes de ventas? ¿Dónde puedes recortar costes o reducir existencias?

Cuanto más pequeña sea la unidad en la que te centres, más detalles necesitarás. Si estás creando un presupuesto para una oficina de ventas de doce personas, normalmente, no tendrás que preocuparte de los gastos de capital, como las grandes reformas del edificio. Pero deberás incluir estimaciones detalladas de los gastos de viaje, teléfonos, servicios generales y suministros de oficina. A medida que asciendas en

la organización, el alcance de tu presupuesto se am-
pliará. Puedes suponer que el jefe de la oficina de
doce personas ha pensado en los cartuchos de las im-
presoras y en el combustible de los coches de los representantes de ventas. Tu trabajo ahora consiste en
examinar las partidas de gran envergadura, como los
sistemas informáticos, y determinar cómo encajan todos los presupuestos de menor escala.

Otras cuestiones que hay que tener en cuenta a la
hora de elaborar un presupuesto son:

- *Plazo*. ¿El presupuesto es solo para este año o
  para los próximos cinco años? La mayoría de los
  presupuestos se aplican solo al año siguiente y se
  revisan cada mes o cada trimestre.

- *Supuestos*. En su forma más sencilla, un presupuesto crea proyecciones añadiendo suposiciones
  a los datos actuales. Fíjate bien en los supuestos
  que haces. Supongamos que crees que las ventas
  aumentan un 10 % en el próximo año si añades
  dos personas más a tu unidad. Explica en qué te
  basas para hacer esa suposición y muestra una

clara conexión con al menos un objetivo estratégico (en este caso, probablemente, sea aumentar las ventas en un determinado porcentaje).

Aquí, el juego de roles puede ayudarte. Ponte en la situación de un director de división con recursos limitados y muchas solicitudes de financiación. En estas circunstancias, ¿qué *te* convencería para conceder una solicitud de dos trabajadores nuevos?

Articular tus presupuestos

Normalmente, quienes hacen los presupuestos toman como punto de partida el presupuesto del año anterior. Si eres el director de la división Cabeza de Alce de Amalgamated Hat Rack, por ejemplo, podrías mirar el presupuesto de 2013 para obtener ideas sobre cómo aumentar los ingresos, recortar los costes o ambas cosas a la vez. (Véase la figura 4, «División Cabeza de Alce de Amalgamated Hat Rack». Observa que los paréntesis de la tabla indican variaciones desfavorables).

PASOS PARA CREAR UN PRESUPUESTO

1. Analiza la estrategia global de tu empresa.

2. Si tu empresa hace un presupuesto descendente, empieza con los objetivos que te ha dado la alta dirección. Si haces un presupuesto ascendente, crea tú mismo los objetivos.

3. Articula tus suposiciones.

4. Cuantifica los supuestos.

5. Revisión: ¿Coinciden los números? ¿Es tu presupuesto defendible a la luz de los objetivos estratégicos de la empresa?

FIGURA 4

División Cabeza de Alce de Amalgamated Hat Rack

Presupuesto 2013	Presupuestado	Actual	Desviación
VENTAS POR MODELO			
Cornamenta de alce de lujo	237.000 $	208.560 $	(28.440) $
Cornamenta de alce estándar	320.225 $	329.832 $	9.607 $
Vertical estándar	437.525 $	476.902 $	39.377 $
Eléctrico giratorio	125.000 $	81.250 $	(43.750) $
Pasillo/Pared	80.000 $	70.400 $	(9.600) $
Ventas totales	**1.199.750 $**	**1.166.944 $**	**(32.806) $**
COSTE DE LOS PRODUCTOS VENDIDOS			
Mano de obra directa	75.925 $	82.000 $	(6.075) $
Gastos generales de fábrica	5.694 $	6.150 $	(456) $
Materiales directos	195.000 $	191.100 $	3.900 $
Coste total de los productos vendidos	**276.619 $**	**279.250 $**	**(2.631) $**
GASTOS DE VENTA, GENERALES Y ADMINISTRATIVOS			
Salario del personal de venta	300.000 $	310.000 $	(10.000) $
Gastos de publicidad	135.000 $	140.000 $	(5.000) $
Gastos de venta diversos	3.400 $	2.500 $	900 $
Gastos de oficina	88.000 $	90.000 $	(2.000) $
Total de gastos de venta, generales y administrativos	**526.400 $**	**542.500 $**	**(16.100) $**
Ingresos de explotación	**396.371 $**	**345.194 $**	**(51.537) $**

CONSEJO: SIGUE TU PROCESO DE PENSAMIENTO

A medida que vayas elaborando tu presupuesto en el formato requerido, documenta tus supuestos. Es fácil perderlos de vista durante el proceso de elaboración del presupuesto, y tendrás que explicarlos —y revisarlos—.

No te fijes solo en las partidas de ingresos o costes específicos, porque los ingresos y los costes están estrechamente relacionados. En su lugar, pregúntate qué muestra el presupuesto sobre las operaciones del año pasado. Como muestra la tabla, los modelos «vertical estándar» y «cornamenta de alce estándar» superaron las expectativas de ventas en 2013. Tal vez tenga sentido aumentar sus previsiones de ventas para esos productos, sobre todo si sus representantes de ventas son optimistas sobre las perspectivas de más ventas. El modelo «vertical estándar» podría ser una opción especialmente buena, ya que superó su proyección de 2013 en un 9 %. ¿Podría aumentar las ventas previstas para este modelo en un 5 o 10 % en 2014? ¿Cuánto más tendría que gastar en ventas o en *marketing* para lograr ese aumento? Para tomar la decisión, necesitarás todos los datos posibles sobre precios, competidores, nuevos canales de venta y otras cuestiones relevantes.

Otra posibilidad es que te plantees eliminar algunos productos. El modelo «eléctrico giratorio», por ejemplo, va mal. ¿Sería mejor suprimir esta línea y promover el nuevo modelo «pasillo/pared»? Eso eliminaría 81.250 dólares en ventas, pero el «eléctrico giratorio» es caro de producir, por lo que la supresión podría no tener mucho impacto en el resultado final.

Otras preguntas que tienes que hacerte:

- ¿Mantendrás los precios igual, los bajarás o los subirás? Un aumento de los precios del 3 % podría compensar el déficit de ventas del presupuesto de 2013, siempre que no frene la demanda.

- ¿Tienes previsto entrar en nuevos mercados, dirigirte a nuevos clientes o utilizar nuevas estrategias de venta? ¿Cuántos ingresos adicionales esperas que aporten estas iniciativas? ¿Cuánto costarán estas iniciativas?

- ¿Cambiarán los costes de producción? Por ejemplo, tal vez tengas previsto reducir la ayuda temporal y añadir empleados a tiempo completo en la planta. O tal vez esperas reducir los costes salariales mediante la automatización. Si es así, ¿cuánto costará la automatización?

- ¿Es probable que tus proveedores suban o bajen precios? ¿Piensas cambiar a proveedores que supongan menores costes? ¿Se resentirá la calidad como consecuencia de ello? Si es así, ¿en qué medida afectará a tus ventas?

- ¿Necesitas mejorar tu producto para mantener a tus clientes actuales?

- ¿Necesita tu personal más formación?

- ¿Tienes previsto llevar a cabo otros proyectos o iniciativas especiales?

La articulación de las respuestas a este tipo de preguntas garantiza que tus supuestos no queden sin examinar. Te ayudarán a crear cifras presupuestarias lo más realistas posible.

Cuantificar tus presupuestos

Ahora tienes que traducir tus hipótesis y escenarios en cifras. Empieza con el presupuesto del año pasado y haz los cambios que correspondan a tus planes. Si las doce personas de la plantilla necesitan formación en ventas, por ejemplo, averigua cuánto costará la formación y añade esa cantidad. Pregunta también a tus compañeros de trabajo sus ideas sobre los costes. Y consulta los sitios web de las asociaciones o publicaciones comerciales para obtener datos sobre los promedios del sector.

Dado que tu presupuesto debe compararse y combinarse con otros de la organización, tu empresa, probablemente, te proporcionará un conjunto estándar de partidas. Cuando las hayas rellenado, da un paso atrás:

MEJORES PRÁCTICAS PRESUPUESTARIAS

- *Concéntrate en el objetivo principal*. Si se trata de aumentar las ventas, haz que sea esa la principal preocupación de tu empresa. No dejes que otros asuntos te desvíen.

- *Sé realista*. A la mayoría de los directivos les gustaría duplicar las ventas o reducir los gastos a la mitad. Pero recuerda: tendrás que rendir cuentas de los resultados.

- *Pide ayuda*. Incluye a los miembros de tu equipo; puede que tengan conocimientos detallados sobre ciertas partidas que tú no tienes. El departamento financiero también puede ayudar.

- *Habla con tu personal*. No utilices el presupuesto como sustituto de la comunicación regular con tu personal. Los miembros del equipo deben recibir información directamente de ti acerca de la financiación de las partidas que les afectan.

¿Cumple este presupuesto los objetivos de tu división? Es fácil pasar por alto los objetivos generales al entrar en los detalles de cada línea. ¿Es defendible tu presupuesto? Puede que estés plenamente satisfecho con él, pero tendrás que ganarte al comité presupuestario. Una vez más, haz tus propias suposiciones. ¿Podrías contar con un miembro más en plantilla en lugar de con dos? Si no es así, asegúrate de que puedes argumentar por qué no.

Calcular el rendimiento de la inversión

Calcular el rendimiento de la inversión

Imaginemos que Amalgamated Hat Rack está considerando dos opciones de inversión: comprar maquinaria nueva y crear una nueva línea de productos.

La nueva máquina es una extrusora de plástico con un precio de 100.000 dólares. Amalgamated espera que ahorre tiempo y dinero a largo plazo, y que sea más segura que el equipo actual. La segunda posibilidad es lanzar una línea de percheros que requerirá una inversión de 250.000 dólares en diseño, equipo de producción y *marketing*.

¿Cómo decidirá Amalgamated si estas opciones tienen sentido desde el punto de vista económico? Y si la empresa solo puede permitirse una de ellas, ¿cómo se tomará la decisión?

Calculando el **rendimiento de la inversión**, o ROI (por sus siglas en inglés). Esto significa evaluar cuánto dinero generará la inversión en comparación con su coste.

Antes de iniciar cualquier análisis del rendimiento de la inversión, es importante comprender los costes y beneficios del *statu quo*. Hay que sopesar los méritos relativos de cada inversión frente a las consecuencias, si las hay, de no seguir adelante con ella. No asumas que los costes de no hacer nada son siempre elevados. Incluso si la nueva inversión promete un beneficio significativo también conlleva un riesgo. El coste a corto plazo —y el riesgo a corto plazo— de no hacer nada suele ser cercano a cero. Por supuesto, los beneficios son también cercanos a cero.

Costes y beneficios

El cálculo del retorno de la inversión siempre implica los siguientes pasos:

1. Identifica todos los costes de la nueva compra u oportunidad de negocio.

2. Calcula el ahorro que se va a realizar.

3. Calcula la cantidad de efectivo que generará la inversión propuesta.

4. Traza una línea de tiempo para los costes, ahorros y flujos de caja previstos, y utiliza el análisis de sensibilidad para cuestionar tus hipótesis.

5. Evalúa los costes y beneficios no cuantificables.

Los tres primeros pasos son bastante sencillos en teoría, aunque pueden ser complicados en la práctica. Cuando se calculan los costes de una inversión, se incluyen los costes iniciales (el precio de compra de una máquina, por ejemplo) y también los costes en los que se incurrirá en los años siguientes (mantenimiento y actualizaciones de la nueva máquina). El ahorro puede provenir de diversas fuentes, como un mayor rendimiento por hora, una mayor calidad (y por tanto menos reajustes) o una disminución de las necesidades de mano de obra. El dinero generado suele provenir de nuevas ventas. Si estás calculando el ROI de una campaña de *marketing*, por ejemplo, tendrás que calcular el efecto de la campaña en los beneficios de la empresa.

Puede ser complicado establecer una línea de tiempo para los costes, los ahorros y el aumento de la liquidez, por lo que es posible que quieras recurrir a tu departamento de finanzas para que te ayude. El quinto paso es en realidad una comprobación de los otros cuatro: ¿Qué costes o beneficios no puedes cuantificar y cómo afectarán a tu decisión? Por ejemplo, una determinada inversión ¿sería beneficiosa o perjudicial para la reputación de la empresa en la comunidad o para los posibles nuevos colaboradores?

Una vez que hayas completado estos pasos, estarás listo para utilizar una o varias de las herramientas analíticas descritas en este capítulo: período de amortización, valor actual neto, tasa interna de retorno, análisis de equilibrio o análisis de sensibilidad. Veremos los puntos fuertes y débiles de cada herramienta para que tengas un conocimiento básico. Pero es posible que quieras que un compañero del departamento de finanzas te ayude con los cálculos.

Período de amortización

El **período de amortización** indica el tiempo que falta para amortizar la inversión. Para calcularlo, hay que dividir la inversión inicial entre el flujo de caja medio previsto o el ahorro de costes al año. Por ejemplo, si una nueva extrusora de plástico cuesta 100.000 dólares y ahorra a Amalgamated 18.000 dólares al año, entonces el período de amortización es de 5,56 años. (Véase tabla 1, «Ahorro de la extrusora Amalgamated»).

El análisis de la rentabilidad es el método más sencillo para evaluar una posible inversión. Es útil sobre todo para descartar opciones. Si, por ejemplo, la extrusora solo va a durar cinco años, es evidente que es una mala inversión, porque el período de amortización es mayor. Pero el análisis de la rentabilidad no indica la tasa de retorno de la inversión. Tampoco tiene en cuenta el valor del dinero en el tiempo, porque compara los desembolsos de hoy con el dinero que llegará en el futuro. (En la siguiente sección hablaremos de esto con más detalle).

TABLA 1

Ahorro de la extrusora Amalgamated

Año	Ahorro	Ahorro acumulado
1	18.000 $	18.000 $
2	18.000 $	36.000 $
3	18.000 $	54.000 $
4	18.000 $	72.000 $
5	18.000 $	90.000 $
6	18.000 $	108.000 $
7	18.000 $	126.000 $

Valor actual neto y tasa interna de retorno

El **valor actual neto** (VAN) y la **tasa interna de retorno** (TIR) son herramientas analíticas muy valiosas, pero pueden ser bastante complejas. Dado que la mayoría de las calculadoras y programas de hojas de cálculo pueden hacer los cálculos por ti, describiremos estas herramientas solo en términos generales.

Consideremos el principio que subyace en ambos métodos: el valor temporal del dinero. Este principio establece que un dólar recibido hoy vale más que un dólar que esperas recibir en el futuro. La razón: incluso olvidando la inflación, puedes gastar o invertir el dólar de hoy de inmediato. No puedes hacerlo con un dólar futuro. Y cada dólar que se espera en el futuro conlleva cierto grado de riesgo. Por ejemplo, la persona o institución que te lo prometió puede ser incapaz de pagar cuando llegue el momento.

Pero no se puede evaluar una nueva oportunidad de negocio sin calcular el valor del dinero que se espera que genere. Así que se necesita un método para expresar los dólares futuros en términos de dólares actuales. Eso es lo que te permiten hacer los cálculos del VAN y la TIR.

Supongamos que Amalgamated espera que una nueva línea de percheros genere 60.000 dólares en efectivo anualmente, a partir de un año y durante cinco años. Estas son las preguntas clave que hay que considerar: teniendo en cuenta este flujo de efectivo previsto y los 250.000 dólares de costes iniciales, ¿es una nueva línea de percheros la forma más productiva de invertir esos 250.000 dólares?, o bien ¿Amalgamated haría mejor invirtiendo su dinero en la extrusora o en otra cosa?

Valor neto actual

Un cálculo del valor actual neto *descuenta* los 300.000 dólares en efectivo anticipados para expresar con precisión su valor en dólares de hoy. ¿Cuánto hay que descontar? Las empresas suelen establecer una tasa de rendimiento mínima, o **tasa crítica de rentabilidad**, que razonablemente pueden esperar obtener de sus inversiones. (La tasa siempre está muy por encima de lo que ganarían en inversiones de riesgo relativamente bajo, como los bonos del Estado). Supongamos que el director financiero de Amalgamated ha fijado la tasa crítica en el 6 %.

El desembolso inicial es de 250.000 dólares, la rentabilidad esperada es de 60.000 dólares al año durante cinco años y la tasa de descuento es del 6 %. Si introduces estas cifras en la función VAN de tu calculadora u hoja de cálculo, el programa te dará el VAN. Si es un número positivo, y no se están considerando otras inversiones, la empresa debería llevar a cabo la inversión. El VAN de una línea de percheros Amalgamated es de 2.742 dólares, lo que sugiere que sería una inversión atractiva.

Pero ¿qué pasa con la otra inversión que Amalgamated está considerando, la extrusora de plástico de 100.000 dólares? Con un tipo de descuento del 6 % y un ahorro de 18.000 dólares al año durante siete años, su VAN es de unos 483 dólares, apenas positivo. Cuando comparamos los VAN de las dos inversiones, vemos que ambos son positivos, pero el de los percheros es mayor. Si Amalgamated solo puede afrontar una de estas inversiones, debería optar por la nueva línea de percheros.

El tipo de descuento que se utiliza marca una gran diferencia en los cálculos del VAN. Supongamos que la tasa fuera del 10 % en lugar del 6 %. El VAN de la extrusora sería entonces –12.368 dólares, convirtiendo una inversión modestamente atractiva en una muy pobre.

Tasa interna de retorno

La TIR se basa en la misma fórmula que el VAN, con una diferencia: cuando se calcula el VAN se conoce la tasa de rendimiento deseada —es decir, la tasa de descuento— y se utiliza para determinar cuánto dinero valen hoy los flujos de caja futuros. Con la TIR, básicamente se fija el valor actual neto en cero y se resuelve la ecuación para la tasa de rendimiento *real*. Tu programa de hoja de cálculo o la calculadora también realizarán los cálculos de la TIR por ti. Si la TIR es mayor que la tasa crítica de rentabilidad de la empresa, la inversión es probablemente una buena apuesta, aunque todavía hay que compararla con otras opciones.

Entonces ¿cuál es la tasa de rendimiento razonable que Amalgamated Hat Rack puede esperar de la nueva línea de percheros? Según el cálculo de la TIR, es del 6,4 %, que está ligeramente por encima de la tasa de descuento. Así que esta es una buena inversión. Pero, de nuevo, no lo sería si el tipo de interés fuera del 10 %.

Análisis del punto de equilibrio

El **análisis del punto de equilibrio** es útil cuando una inversión que estás valorando permitirá vender algo nuevo o vender más de algo que ya ofreces. Te indica cuánto (o cuánto más) necesitas vender para pagar la inversión fija, es decir, en qué momento alcanzará el punto de equilibrio. Con esta información en la mano, se puede observar la demanda del mercado y las cuotas de mercado de los competidores para determinar si la venta de esa cantidad es realista.

En primer lugar, pongamos el objetivo en términos más precisos. Tratamos de determinar el volumen en el que la contribución incremental de una línea de productos es igual al coste total de su inversión. En este contexto, «contribución» hace referencia a los ingresos que se obtienen de cada unidad vendida menos los costes variables de esa unidad. Los **costes variables** incluyen el coste de los materiales y la mano de obra directa que interviene en la producción de la unidad.

Estos son los pasos:

- Resta el coste variable por unidad de los ingresos unitarios. Esta es la contribución unitaria.

- Divide su inversión total por la aportación de la unidad.

El cociente es el volumen de equilibrio expresado como el número de unidades (o unidades adicionales) que deben venderse para cubrir el coste de la inversión.

Supón que los nuevos percheros se venden a 75 dólares cada uno, y que el coste variable por unidad es de 22 dólares. La figura 5, «Cálculo del punto de equilibrio», muestra cómo determinar el volumen de punto de equilibrio para los percheros.

En este punto, Amalgamated debe decidir si el volumen de equilibrio es alcanzable. ¿Puede esperar razonablemente vender más de 4.717 unidades? Si es así, ¿en cuánto tiempo? ¿Qué hay que hacer para conseguirlo?

Para calcular el volumen de equilibrio de la extrusora, se define la contribución unitaria como el ahorro por unidad. Si la nueva extrusora ahorra 10 dólares por unidad, el volumen de equilibrio es de 100.000 dólares divido entre 10.000 unidades.

FIGURA 5

Cálculo del punto de equilibrio

75 dólares (ingresos unitarios)
– 22 (coste variable por unidad)
_____
53 dólares (contribución de la unidad)

250.000 dólares (inversión total necesaria)
÷ 53 (contribución de la unidad)
_____
4.717 percheros (volumen de equilibrio)

Análisis de sensibilidad

Como se ha señalado, Amalgamated espera que su nueva línea de percheros comience a generar 60.000 dólares de flujo de caja anual dentro de un año. Pero ¿y si alguna variable del escenario cambia? ¿Cómo afectaría a su evaluación de la oportunidad de inversión? El análisis de sensibilidad le permite ver lo que podrían significar los cambios en tus supuestos.

Imaginemos que en Amalgamated no están de acuerdo con las perspectivas de la nueva línea de percheros. Sherman Peabody es el vicepresidente de la división Cabeza de Alce de Amalgamated. Él supervisaría el día a día de la nueva línea de productos, y es el que proyecta 60.000 dólares en efectivo anuales durante cinco años. Natasha Rubskaya, directora financiera de la empresa, tiene más dudas sobre la inversión, sobre todo porque cree que Peabody ha subestimado considerablemente los costes de *marketing* necesarios para suministrar la nueva línea. Prevé un flujo de caja anual de solo 45.000 dólares. Luego está Theodore Bullmoose, vicepresidente sénior de Amalgamated para el desarrollo de nuevos negocios. Siempre optimista, está convencido de que los percheros se venderán prácticamente solos, generando un flujo de caja anual de 75.000 dólares.

Así que Amalgamated realiza un análisis de sensibilidad utilizando los tres escenarios. El VAN para el de Peabody es de 2.742 dólares. Para Rubskaya es de −60.444 dólares. Para Bullmoose es de 65.927 dólares.

Si Rubskaya tiene razón, los percheros no merecerían la inversión. Si cualquiera de los otros dos tiene razón, la inversión será rentable, con una cantidad razonable según las proyecciones de ganancias de Peabody y una cantidad generosa según las de Bullmoose. Aquí es donde entra en juego el juicio. Si Rubskaya ha demostrado ser la estimadora más fiable de los tres, el director general de Amalgamated podría aceptar su proyección del potencial de la nueva línea. Pero sea cual sea el camino que tome el director general, el análisis de sensibilidad ofrece una visión más matizada de la inversión y de cómo se vería afectada por diversos cambios en las hipótesis. Los cambios en otras variables se pueden trazar con la misma facilidad.

Evaluar los costes y beneficios no cuantificables

Los números nunca lo dicen todo, por lo que el análisis del ROI también debe tener en cuenta factores cualitativos. ¿Coincide la nueva oportunidad con la misión de la empresa? ¿Puede el equipo directivo asumir una nueva línea de productos sin perder el foco? A veces, factores aparentemente no cuantificables pueden, al menos, estimarse numéricamente. Supongamos que se está evaluando una inversión en una nueva base de datos y se intenta determinar el valor de la información que proporcionará. Puedes llegar a una cifra aproximada, en dólares, que represente el valor del tiempo ahorrado a los empleados. También puedes estimar el valor del aumento de la retención de clientes debido a un mejor conocimiento de los patrones de compra. Puede que decida o no incorporar estas estimaciones en sus cálculos del ROI, pero pueden ser útiles a la hora de justificar la inversión.

Seguimiento del rendimiento

Seguimiento del rendimiento

Cuando preparas un presupuesto o decides una inversión, puedes estar seguro de una cosa: los números no serán exactamente como predijiste. Por eso debes revisar los resultados. Si difieren significativamente de tus proyecciones, puedes tomar medidas correctivas. Si se ajustan más o menos a lo previsto, puedes estar seguro de que controlas la situación.

Rendimiento de una inversión

Cuando evalúas una inversión, planificas a largo plazo, normalmente un año o más. Pero si haces un seguimiento mensual de las previsiones detectarás las desviaciones con antelación.

Consideremos la nueva división de Percheros de Amalgamated. El equipo directivo acabó utilizando la optimista proyección de flujo de caja de Theodore Bullmoose, 75.000 dólares al año (o 6.250 dólares al mes), como base para su inversión. La tabla 2, «Amalgamated Hat Rack, división de Percheros, resultados de enero de 2013», muestra el estado de las cosas a principios del primer trimestre. (Para simplificar, supondremos que el beneficio operacional es equivalente a las proyecciones de flujo de caja utilizadas para los cálculos del VAN).

La división va razonablemente bien en cuanto a ingresos y coste de los productos vendidos. Su variación negativa más significativa se produce en la línea de gastos de *marketing*. Es difícil estar seguros sobre la base de las cifras del primer mes. ¿Se trata simplemente de una variación puntual o estacional? ¿O Amalgamated tendrá que gastar más en *marketing* de lo previsto?

Si el retorno de la inversión varía respecto de lo que esperabas y parece probable que se mantenga el patrón de costes inesperadamente altos (o ingresos

TABLA 2

Amalgamated Hat Rack, división de Percheros, resultados de enero de 2013

Partida	Presupuesto de enero	Enero real	Desviación
Ingresos por percheros	39.000 $	38.725 $	(275) $
Coste de los productos vendidos	19.500 $	19.200 $	300 $
Beneficio bruto	19.500 $	19.525 $	25 $
Marketing	8.500 $	10.100 $	(1.600) $
Gastos administrativos	4.750 $	4.320 $	430 $
Total de gastos de explotación	13.250 $	14.420 $	(1.170) $
Beneficios de explotación	6.250 $	5.105 $	(1.145) $

inesperadamente bajos), puede ser necesario corregir el rumbo. Amalgamated podría decidir reducir sus gastos de *marketing*. O podría decidir mantener el gasto en ese nivel, recalcular el flujo de caja previsto y ver si la inversión sigue teniendo sentido. Como la proyección de Bullmoose era muy optimista, la empresa tiene cierto margen de maniobra antes de concluir que ha hecho una mala inversión.

Rendimiento de una unidad existente

El seguimiento del presupuesto de una unidad establecida implica muchos de los mismos procedimientos. Se controlan los resultados para poder realizar ajustes de gastos o de funcionamiento lo antes posible. Cuando una partida contiene una sorpresa, pregunta primero si la razón está relacionada con el tiempo. En otras palabras, ¿se trata de un error mensual o de un problema a largo plazo?

Si sospechas que se trata de una anomalía, no te preocupes demasiado; la situación se resolverá por sí misma. Solo hay que vigilar de cerca esa partida en los meses siguientes. Sin embargo, si la desviación no es una anomalía, hay que determinar por qué se produce. Tal vez los gastos sean superiores a los presupuestados porque las ventas han aumentado considerablemente, en cuyo caso los excesos de gastos serían una buena noticia en lugar de una mala. Por otro lado, puede que hayas hecho una mala proyección y debas encontrar alguna forma de compensar la pérdida. ¿Puedes reducir gastos en otras partidas para compensar las que están por encima del presupuesto?

CONSEJO: PEDIR AYUDA CON LAS ANOMALÍAS

Involucra a los miembros del equipo en el tratamiento de las desviaciones. Es probable que tengan buenas ideas sobre lo que ocurre y qué hacer al respecto.

Previsiones

Además de comparar tus resultados reales con lo presupuestado, te sentarás y actualizarás tus proyecciones con la nueva información para crear previsiones. Pero no deseches las estimaciones anteriores en el proceso. Cuando llegue el momento de hacer el presupuesto el siguiente año, querrás evaluar la exactitud de tus supuestos originales. Eso te ayudará a mejorar tus estimaciones la siguiente vez.

Si a mitad de año te encuentras fuera del presupuesto —y si tus previsiones no muestran una corrección—, comunícaselo a la alta dirección. Explica las razones de las desviaciones y cómo propones compensarlas. De este modo, el equipo directivo puede ajustar la previsión global de la empresa y quizá orientar sobre la conveniencia y el modo de afrontar los déficits.

Ponte a prueba

Ponte a prueba

A continuación vas a encontrar 10 preguntas de opción múltiple que te ayudarán a evaluar tus conocimientos sobre los aspectos esenciales de las finanzas y los presupuestos. Las respuestas aparecen después del test.

1. **Si quieres conocer los costes relacionados con una venta durante el período en el que esta se realizó, ¿qué método contable utilizarías?**

   a. Contabilidad de devengo.
   b. Contabilidad de caja.

2. **¿Cuál de los siguientes elementos se consideraría parte del coste de las mercancías vendidas, o COGS?**

   a. Salarios de los trabajadores.
   b. Costes de venta y *marketing*.
   c. Alquileres.
   d. Costes de mano de obra para el montaje del producto.
   e. Gastos de publicidad.

3. **En la mayoría de los sistemas contables, los pasivos a corto plazo o corrientes son aquellos que deben pagarse en menos de:**

   a. Un mes.
   b. Tres meses.
   c. Un año.

4. **Si la cuenta de resultados puede indicarte si una empresa está obteniendo beneficios, ¿qué te dice el estado de flujo de caja?**

   a. La eficiencia con la que una empresa utiliza sus activos.

b. Si una empresa está convirtiendo los beneficios en efectivo.

c. Cómo gestiona la empresa su pasivo.

5. **A muchos analistas les gusta fijarse en un ratio que muestre la rentabilidad de las actividades de explotación de una empresa. ¿Qué ratio lo muestra?**

a. Test ácido.

b. Cuentas pendientes de cobro.

c. Margen EBIT.

6. **En la empresa ABC, los jefes de unidad elaboran presupuestos para sus departamentos que están vinculados a los objetivos de rendimiento de la empresa. ¿De qué tipo de presupuesto se trata?**

a. Descendente o de arriba abajo.

b. Ascendente o de abajo arriba.

7. Cuando empiezas a preparar el presupuesto de tu unidad, tu jefe te recuerda que debes ser consciente del «alcance» de tu presupuesto. ¿Qué significa «alcance»?

   a. El contexto del proyecto de presupuesto: los tres o cinco objetivos que se pretenden alcanzar.
   b. La parte de la empresa que el presupuesto debe cubrir y el nivel de detalle que debe incluir.
   c. Si el presupuesto incluye los ingresos y beneficios, así como los gastos de funcionamiento de tu unidad.

8. Cuando se analiza el ROI, el análisis del período de retorno de la inversión puede ayudar a descartar las malas inversiones. ¿Cuál es el principal inconveniente de este método?

   a. Ignora el valor temporal del dinero.
   b. No indica cuánto tiempo tardará la inversión en alcanzar el punto de equilibro.
   c. Solo puede utilizarse para evaluar posibles inversiones de capital, no otros tipos de nuevas oportunidades de negocio.

9. Tu empresa está considerando realizar una inversión que podría permitir a tu división vender más unidades del nuevo *software* de monitorización introducido el año pasado. Tu director te ha pedido que determines cuántas unidades tendría que vender la empresa para recuperar esta inversión. ¿Qué método analítico podría ayudarte a dar una respuesta?

   a. Análisis del punto de equilibrio.
   b. Análisis del valor actual neto.
   c. Análisis de la tasa interna de retorno.

10. Para hacer un seguimiento de tu presupuesto, debes llevar a cabo tres pasos mensualmente. En la lista siguiente falta el segundo paso, ¿cuál es?

   Paso 1. Evaluar el rendimiento mensual de los ingresos y los gastos.

   Paso 2. _____.

Paso 3. Determinar si tu línea de negocio se verá afectada por algunas desviaciones y de qué manera.

a. Evaluar los gastos de capital de tu empresa.
b. Revisar tu previsión para el próximo trimestre.
c. Determinar las desviaciones positivas y negativas respecto al presupuesto.

Respuestas a las preguntas del test

1: **a.** En la contabilidad por el principio del devengo los costes se corresponden con las ventas asociadas, independientemente de si se recibe o se paga realmente dinero en efectivo en ese período. Al hacer coincidir los gastos con los ingresos en el mismo período de tiempo, la contabilidad por el principio de devengo ayuda a los gestores a comprender la rentabilidad de los productos o servicios de una empresa.

2: **d.** Los costes de mano de obra se consideran parte del COGS. El coste de las mercancías vendidas incluye los materiales, la mano de obra y otros costes que son atribuibles directamente a la fabricación de un producto o a la prestación de un servicio.

3: **c.** Por lo general, los pasivos a corto plazo deben pagarse en un año o menos. Los pasivos a largo plazo se extienden durante un período más largo e incluyen elementos como bonos a largo plazo e hipotecas.

4: **b.** El estado de flujo de caja te indica la forma en que una empresa convierte sus beneficios en efectivo.

5: **c.** Muchos analistas utilizan el margen EBIT (beneficios antes de intereses e impuestos), a menudo conocido como margen operativo, para medir la rentabilidad de las operaciones de una empresa.

6: **a.** En los presupuestos descendentes, la alta dirección establece objetivos de rendimientos específicos para las unidades individuales. Por ejemplo, se puede pedir a los gerentes de las unidades que limiten el crecimiento de los gastos a no más del 50 % sobre los gastos del año anterior. A continuación, elaboran sus presupuestos dentro de esos límites.

7: **b.** El alcance implica dos cosas: la parte de la empresa que su presupuesto debe cubrir y el nivel de detalle que debe incluir.

8: **a.** Dado que el análisis de rentabilidad ignora el valor temporal del dinero, no proporciona una imagen económica tan precisa como otras herramientas más sofisticadas, como el valor actual neto y la tasa interna de retorno.

9: **a.** El análisis del punto de equilibrio indica cuánto (o cuánto más) de un producto necesitas vender para pagar una inversión fija; en otras palabras, en qué punto alcanzarás el punto de equilibrio financiero. A continuación, puedes utilizar tu historial de ventas y tu conocimiento sobre el mercado para determinar si el volumen de equilibrio es realista.

10: **c.** El segundo paso consiste en comparar las cifras presupuestadas con las reales y calcular las desviaciones. A continuación, puedes determinar en qué medida estas desviaciones afectarán al resultado actual.

Términos clave

Activos. Los recursos económicos de una empresa. Los activos incluyen el efectivo, las cuentas por cobrar, las existencias, los terrenos, los edificios, los vehículos, la maquinaria, el equipo y otras inversiones.

Activos corrientes. Aquellos activos que se convierten más fácilmente en efectivo, incluyendo el efectivo en caja, las cuentas por cobrar y las existencias.

Activos fijos. Activos que son difíciles de convertir en efectivo, como edificios, equipos.

Amortización. Cargo en la cuenta de resultados que representa una parte del coste de bienes que duran un tiempo relativamente largo. El coste de estos activos se carga a lo largo de su vida útil estimada.

Análisis DAFO. Un análisis de las debilidades, amenazas, fortalezas y oportunidades de una empresa.

Análisis de ratios. Un medio para analizar la información contenida en los tres estados financieros. Un ratio financiero son dos cifras clave de los estados financieros de una empresa expresadas en relación la una con la otra.

Apalancamiento financiero. El grado en que los activos de una empresa se financian con deuda. De una empresa que tiene una relación deuda-capital elevada (según los estándares del sector) se dice que está muy apalancada.

Aportaciones de capital. Fondos de capital recibidos a cambio de acciones.

Asignación. El proceso de repartir los costes de una determinada categoría entre varios centros de costes, normalmente en función de su uso. Por ejemplo, los gastos generales de la empresa (como alquiler y servicios generales) pueden asignarse a los departamentos en función del número de metros cuadrados que ocupan.

Balance. Documento que resume la situación financiera de una empresa —sus activos, pasivos y patrimonio neto— en un momento determinado. Según la ecuación fundamental del balance, los activos de una empresa son iguales a sus pasivos más el patrimonio de los propietarios.

Beneficio antes de impuestos. Ingresos netos antes de impuestos.

Beneficio bruto. La suma que queda cuando el coste de los productos vendidos se resta de los ingresos.

Beneficio de explotación. La suma que queda después de restar a los ingresos todos los costes de explotación. También se conoce como *beneficio antes de intereses e impuestos* (EBIT).

Beneficio por acción (BPA). Los ingresos netos de una empresa divididos por el número de acciones en circulación. Uno de los indicadores más comunes de los resultados financieros de una empresa que cotiza en bolsa.

Beneficios antes de intereses e impuestos (EBIT). Véase *beneficio de explotación*.

Beneficios no distribuidos. Todos los ingresos después de impuestos que posee una empresa (y no pagados en dividendos) desde su creación.

Capital circulante. Véase *fondo de maniobra*.

Cobertura de intereses. Un indicador del margen de seguridad de una empresa sobre sus costes de intereses —específicamente, cuántas veces la empresa podría hacer sus pagos de intereses con los beneficios operativos actuales—. Para calcular la cobertura de intereses, hay que dividir el EBIT entre los gastos por intereses.

Coeficiente de liquidez a corto plazo. Véase *test ácido*

Contabilidad de caja. El registro de los ingresos y los gastos cuando el efectivo cambia de manos. Este enfoque se utiliza raramente, excepto en las empresas muy pequeñas.

Contabilidad por el principio del devengo. Método contable según el cual los ingresos y los gastos se registran cuando se producen, independientemente del momento en que se reciban o paguen. Los ingresos se reconocen en el período de tiempo en que se entregan los bienes o los servicios; los gastos se reconocen en el mismo período que sus ingresos asociados.

Contribución. En el análisis del coste del producto, los ingresos unitarios menos el coste variable por unidad; la suma de dinero disponible para contribuir a los costes fijos.

Coste de los productos vendidos. Costes directamente asociados a la fabricación de un producto.

Coste de los servicios. Costes directamente asociados a la prestación de un servicio.

Coste del capital. Es el porcentaje que una empresa debe pagar a los inversores o acreedores a cambio de sus fondos de capital. Las empresas calculan su *coste medio ponderado del capital* teniendo en cuenta factores como el tipo de interés medio de su deuda, la tasa de rendimiento esperada de sus fondos propios y el tipo impositivo.

Costes directos. Costes directamente atribuibles a la fabricación de un producto o a la prestación de un servicio; por ejemplo, el coste del plástico para un fabricante de botellas o el coste del tiempo de un técnico de servicio para una empresa de servicio de fotocopiadoras.

Costes fijos. Costes que permanecen constantes a corto plazo, independientemente del volumen de ventas; incluyen los salarios de los trabajadores, los intereses, el alquiler y los seguros.

Costes indirectos. Costes no directamente atribuibles a la fabricación de un producto o a la prestación de un servicio.

Costes variables. Costes que varían en función del volumen de ventas. Como el coste de los materiales y las comisiones de ventas.

Crecimiento. Aumento de los ingresos, los beneficios o los fondos propios de la empresa.

Cuenta de resultados. Informe que muestra los ingresos, gastos y beneficios de una empresa durante un período de tiempo (normalmente, un mes, un trimestre o un año). La cuenta de resultados también se conoce como cuenta de pérdidas y ganancias (PyG): un estado de operaciones y de ganancias.

Cuentas pendientes de cobro. Dinero que se debe a una empresa por bienes o servicios vendidos.

Cuentas pendientes de pago. Dinero que la empresa debe a sus proveedores.

Depreciación. Disminución del valor de un bien tangible, como un edificio o una máquina. La depreciación o amortización de estos activos se debe incluir en la cuenta de resultados.

Deuda. Dinero que se debe a un acreedor.

Devengo. Importe asumido como gasto en un período contable determinado, pero que no se ha pagado al final de dicho período.

Dividendo. Un pago (generalmente emitido de forma trimestral) a los accionistas de una empresa, como retorno de inversión.

Estado de flujo de caja. Un estado que muestra de dónde viene el efectivo de la empresa y a dónde va.

Estados financieros. Informes de los resultados financieros de una empresa. Los tres estados fundamentales son la cuenta de resultados, el balance y el estado de flujo de caja; presentan información relacionada, pero ofrecen diferentes perspectivas sobre el rendimiento.

Existencias. Productos acabados que pueden ser vendidos y materiales para fabricar productos. Por ejemplo, la mercancía de una tienda, los productos acabados de un almacén, los trabajos en curso y las materias primas.

Factura. Cargo presentado a un comprador por bienes o servicios prestados.

Flujo de caja operativo (FCO). El movimiento neto de efectivo de las operaciones de un negocio, en contraposición al efectivo relacionado con las inversiones o la financiación de una empresa.

Fondo de maniobra. Una medida de la liquidez diaria de una empresa. El fondo de maniobra es la diferencia entre el activo corriente y el pasivo corriente de una empresa.

Fondos propios. Véase *patrimonio neto*.

Fondos propios. Véase *patrimonio neto*.

Gasto de capital o inversión de capital. Pago para adquirir o mejorar un activo de capital.

Gastos de explotación. Gastos que no están directamente relacionados con la fabricación de un producto o la prestación de un servicio; por ejemplo, los salarios de los trabajadores, los alquileres y los costes de ventas y *marketing*.

Ingresos. La primera línea de la cuenta de resultados, que indica el valor de los bienes o servicios entregados a los clientes durante el período de tiempo cubierto por el informe. También llamado *ventas*.

Ingresos netos. El beneficio de una organización después de restar a los ingresos todos los gastos, incluidos los intereses y los impuestos.

Inmovilizado, instalaciones y equipamiento (PPE). Línea del balance que indica cuánto dinero (después de la amortización) ha invertido una empresa en activos fijos como edificios y maquinaria.

Liquidez inmediata. Véase *test ácido*

Margen bruto. Beneficio bruto como porcentaje de los ingresos.

Margen de beneficio neto. Véase *rentabilidad de las ventas*.

Medidas de productividad. Indicadores —como las ventas por empleado y los ingresos netos por empleado— que vinculan la información sobre ingresos y beneficios con los datos de la plantilla.

Pasivo. Las reclamaciones financieras contra los recursos de una empresa, incluidas las cuentas pendientes de pagar, los préstamos y las hipotecas.

Patrimonio neto. Es el valor de los activos de una empresa menos sus pasivos. En un balance, los fondos propios se denominan fondos de los accionistas o de los propietarios.

Período de amortización. El tiempo necesario para recuperar el coste de una inversión de capital.

Período fiscal o período de presentación de cuentas. Período de tiempo contable (normalmente un mes, un trimestre o un año) al final del cual se determinan las ganancias o pérdidas.

Período medio de cobro. Una medida que indica el tiempo que tarda, como término medio, una empresa en cobrar sus cuentas pendientes de cobro. Para calcularlo, hay que dividir las cuentas pendientes de cobro entre los ingresos por día.

Período medio de existencias. Medida del tiempo que tarda una empresa en vender la cantidad media de existencias disponibles durante un período de tiempo determinado. Para calcularlo, hay que dividir las existencias medias entre el coste de los bienes vendidos por día.

Período medio de pago. Una medida que indica cuántos días tarda, como término medio, una empresa en pagar a sus proveedores. Para calcularlo, hay que dividir las cuentas pendientes de pago entre el coste de las mercancías vendidas por día.

Presupuestos ascendentes. Proceso por el que los gestores elaboran los presupuestos que consideran más adecuados para las necesidades y objetivos de sus respectivos departamentos o unidades. Estos presupuestos se van acumulando para crear un presupuesto global de la empresa, que luego se ajusta, y las solicitudes de cambio se envían a los departamentos individuales.

Presupuestos descendentes. Proceso por el que la dirección establece objetivos específicos para elementos como los ingresos netos, el margen de beneficios y los gastos. Los gestores de las unidades elaboran sus presupuestos dentro de estos parámetros.

Principios contables generalmente aceptados (PCGA). Las normas y convenciones que siguen los contables de un país a la hora de registrar y resumir las transacciones y preparar los estados financieros.

Punto de equilibrio. El volumen en el que la contribución total de una línea de productos es igual a los costes fijos totales. Para calcularlo, hay que restar el coste variable por unidad del precio de venta para determinar la contribución unitaria; a continuación, hay que dividir los costes fijos totales entre la contribución unitaria. El punto de equilibrio de una inversión es el momento en que el efectivo neto recibido de la inversión es igual a su coste.

Ratio de endeudamiento. Comparación entre los préstamos pendientes de una empresa con los fondos de los propietarios. Para calcularlo, se divide el pasivo total entre los fondos propios.

Ratio de solvencia. Comparación de los activos corrientes de una empresa con sus pasivos corrientes. Para calcularlo, hay que dividir el total del activo corriente entre el total del pasivo corriente.

Ratio de tesorería. Véase *ratio de solvencia*.

Ratios de apalancamiento. Ratios relacionados con el uso de la deuda por parte de una empresa. Incluyen la cobertura de intereses y la relación entre la deuda y el capital, y ayudan a evaluar la capacidad de una empresa para pagar lo que debe.

Ratios de eficiencia. Medidas financieras que relacionan varias cifras de la cuenta de resultados y el balance para medir la eficiencia operativa de una empresa. Algunos ejemplos son la rotación de activos, período medio de pago, período medio de cobro y período medio de aprovisionamiento.

Ratios de rentabilidad. Medidas del nivel de rentabilidad de una empresa, en las que los beneficios se expresan como un porcentaje de otras partidas. Algunos ejemplos son el rendimiento de los activos, el rendimiento del capital y el rendimiento de las ventas.

Relación entre el precio y el valor contable. Ratio que compara la valoración de una empresa por parte del mercado con el valor de la misma según los fondos propios.

Relación precio-beneficio (P/B). El precio actual de una acción dividido entre los beneficios por acción de los doce meses anteriores. Este ratio te ayuda a comparar el valor de las acciones.

Rendimiento de los activos (ROA). Una medida de la productividad de los activos de una empresa. Para calcular el ROA, hay que dividir los ingresos netos entre los activos totales.

Rentabilidad de las ventas (ROS). Medida de la eficiencia global de una empresa en la generación de beneficios. También se conoce como margen de beneficio neto. Para calcular el ROS, hay que dividir los ingresos netos entre las ventas totales.

Rentabilidad de los fondos propios (ROE). Medida de la productividad de los fondos propios de una empresa. También se conoce como rendimiento del patrimonio neto. Para calcular el ROE, hay que dividir los ingresos netos entre los fondos propios.

Rotación de activos. Una medida de la eficiencia con la que una empresa utiliza sus activos. Para calcularla, hay que dividir las ventas entre los activos. En general, cuanto mayor sea la cifra, mejor.

Tasa crítica de rentabilidad. Tasa mínima de rendimiento requerida por una empresa para sus inversores.

Tasa interna de retorno (TIR). Tasa a la que el valor actual neto (VAN) de una inversión es igual a cero.

Tasación. Estimación del valor de una empresa con fines de compra, venta o inversión.

Test ácido. Medida de la capacidad de una empresa para cumplir con sus obligaciones a corto plazo, también conocido como *coeficiente de liquidez a corto plazo* o *liquidez inmediata*. Para calcular el test ácido, hay que dividir el efectivo, las cuentas pendientes de cobro y los valores negociables entre el pasivo corriente.

Valor actual neto (VAN). El valor actual estimado de una inversión, calculado restando el coste de la inversión del valor actual de los beneficios futuros de la misma.

Valor contable. El valor al que se contabiliza un activo en un balance. El valor contable de un activo nuevo es su precio de compra, pero esa cifra se reduce cada año por la amortización. Por tanto, el valor contable del activo en cualquier momento es su coste menos la amortización acumulada.

Valor económico añadido (EVA). Ingresos netos menos un cargo por el coste del capital de una empresa.

Valor temporal del dinero. El principio de que un dólar que se recibe hoy vale más que un dólar que se espera recibir en algún momento del futuro.

Ventas. Intercambio de bienes y servicios por dinero. (Véase *ingresos*).

Para saber más

Recomendamos:

Berman, Karen, y Joe Knight con John Case. (2013). *Financial Intelligence: A Manager's Guide to Knowing What the Numbers Really Mean*. Boston. Harvard Business Review Press (edición revisada).

En *Financial Intelligence* Berman y Knight enseñan las bases de las finanzas, pero con un giro. Los informes financieros, dicen, son tanto un arte como una ciencia. Como nadie puede cuantificar todo, los contables siempre se basan en estimaciones, suposiciones y juicios de valor. Los gestores inteligentes deben saber cómo esas fuentes de posibles sesgos pueden afectar a los estados financieros. Además de sentar las bases para un conocimiento profundo de la parte financiera de la empresa, el libro también proporciona a los directivos estrategias prácticas para mejorar el rendimiento de sus empresas, estrategias (como la gestión del balance) que los profesionales financieros conocen bien, pero que rara vez comparten con sus colegas no financieros.

Harvard Business School Publishing. (2012). *HBR Guide to Finance Basics for Manager*. Boston. Harvard Business Review Press.

Esta entrega de la serie Guías HBR explica los estados financieros y muestra cómo utilizar la información que contiene para tomar mejores decisiones empresariales. Entre los temas tratados están: el aumento de los beneficios mediante la racionalización del negocio, la explotación de los activos para impulsar el crecimiento, la comprensión de las claves del balance y el aprendizaje del lenguaje del rendimiento de la inversión. El libro también investiga lo que los estados financieros no dicen, junto con las «cinco trampas» de la medición del rendimiento.

Las siguientes obras (presentadas en orden cronológico inverso) también pueden ser útiles:

Matias, Anthony J. (2012). *Budgeting and Forecasting: The Quick Reference Handbook*. Cambridge. MA: Matias & Associates.

Shoffner, H. George, Susan Shelly y Robert A. Cooke. (2011). *The McGraw-Hill 36-Hour Course: Finance for Non-Financial Managers*. 3.ª ed. Nueva York. McGraw-Hill.

Fields, Edward. (2011). *The Essentials of Finance and Accounting for Nonfinancial Managers*. 2.ª ed. Nueva York. Amacom Books.

Mason, Roger. (2007). *Finanzas para no financieros. En una semana*. Barcelona. Gestión 2000.

Weaver, Samuel C., y J. Fred Weston. (2004). *Finance and Accounting for Nonfinancial Managers*. Nueva York. McGraw-Hill.

Siciliano, Gene. (2003). *Finance for Non-Financial Managers*. Nueva York. McGraw-Hill Briefcase Books.

Kemp, Sid, y Eric Dunbar. (2003). *Budgeting for Managers*. Nueva York. McGraw-Hill Briefcase Books.

Fuentes

Harvard Business School Publishing. Harvard ManageMentor.
Boston. Harvard Business Publishing. 2002.

Harvard Business School Publishing. (2012) *HBR Guide to
Finance Basics for Managers*. Boston. Harvard Business
Review Press.

Harvard Business School Publishing. (2006). *Pocket Mentor:
Understanding Finance*. Boston. Harvard Business School
Press.

Índice

Índice

Índice